[P]ATISSERIE ET LE DESSERT À LA MAISON

RECETTES FACILES

J. TARDIEU EDITEUR 13 R. de TOURNON. PARIS.

LA PATISSERIE

ET LE DESSERT A LA MAISON

LA

PATISSERIE

ET LE DESSERT

A LA MAISON

RECETTES FACILES

RECUEILLIES

PAR

UNE MÉNAGÈRE.

PARIS
JULES TARDIEU, ÉDITEUR
13, RUE DE TOURNON, 13

1866

AVERTISSEMENT

Il y a, dans le régime alimentaire d'un ménage bien ordonné, des soins délicats qui intéressent particulièrement la maitresse de maison ou ses jeunes filles. Si ce n'est pas toujours par ses mains, c'est du moins sous sa surveillance que les douceurs des entremets et des desserts doivent être préparées.

Ce n'est pas déroger que de s'occuper de ces détails domestiques ; la plus simple galette, quand elle est due à une aimable ménagère, a plus de prix que celle qui vient du bon faiseur.

Les femmes du monde communiquent à tout ce qu'elles touchent un charme qui semble ajouter quelque chose à la saveur des mets qu'elles ont préparés pour la table de famille. Leur grâce n'a rien à y perdre. Les contes de fées en font foi : c'est en voyant la belle *Peau d'Ane* enfoncer ses bras blancs dans la pâte ferme qu'elle pétrissait, que le fils du roi en devint *éperdûment amoureux*.

Le sujet de ce livre est moins futile que son titre ne semble l'indiquer. C'est quelque chose que la sollicitude d'une maîtresse de maison qui met, comme on dit, *la main à la pâte*. Cela prouve que les préoccupations de son esprit ne sont pas au dehors, qu'elle aime son intérieur, et qu'elle veut plaire à ceux qui l'entourent; ses loisirs ne peuvent être mieux employés. Les menues dépenses de ces petites gâteries la dispenseront quelquefois de frais de toilette et de représentation plus dispendieux.

Nous avons réuni dans ce manuel tout ce qui concerne la *pâtisserie*, les *entremets*, *desserts*, *confitures*, *compotes*, *sirops*, *glaces*, etc., nous avons décrit les opérations à exécuter aussi clairement et aussi brièvement que possible.

Nous nous adressons aux maitresses de maison ; nous n'avons donc pas besoin de recommander à leur surveillance l'extrême propreté qui est la condition essentielle de toute opération culinaire ; mais nous pouvons insister sur l'esprit d'ordre et de méthode pour le rangement et le mesurage des ingrédients; il en résultera une grande économie de temps et d'argent.

Si un tel soin était négligé, l'office ressemblerait à un champ de bataille sur lequel les flacons, le sucre, et les condiments de toute espèce seraient dispersés et resteraient au pillage... Dans ce cas, les produits obtenus coûteraient bien plus cher que s'ils étaient exécutés par les gens du métier.

Les ustensiles d'une cuisine ordinaire sont suffisants pour la plupart des préparations indiquées, un bon four de campagne est indispensable. Pour la pâtisserie grasse il faut cependant avoir recours à un four véritable. Dans tous les cas, il est facile de se procurer à peu de frais un *four portatif*.

LA PATISSERIE
ET LE DESSERT A LA MAISON

I

PATES DIVERSES.

Pâte à Brioche. — Mettez dans une tasse 6 gr. de *levure de bière* (V.), 50 gr. de farine, un peu d'*eau tiède* et faites-en une pâte molle que vous exposez à une température de 20 à 25° jusqu'à ce qu'elle soit levée de moitié. — Mettez alors sur une table : 200 gr. de farine, 250 gr. de beurre, 4 gr. de sel et 3 œufs, ajoutez la première pâte quand la seconde est un peu maniée, travaillez bien le tout. — La pâte doit se tenir, rajoutez soit du lait, soit de la farine pour lui donner la consistance voulue et laissez-la reposer 8 à 10 heures à une douce chaleur, après l'avoir entourée d'un linge enfariné. — Au bout de ce temps retravaillez un instant la pâte en ramenant les bords vers le centre — donnez-lui la forme de brioche ou de couronne. — Voy. *Soudure* — Placez vos brioches sur une plaque beurrée ou un moule, dorez-les (V.), et mettez-les au bout de deux heures cuire à four assez chaud pendant 20 à 25 minutes. — Elle est suffisante pour 8 personnes.

Pâte à Baba. — Se fait comme la pâte à brioche, mais la pâte doit être moins épaisse, ce qu'on obtient en mettant un peu plus de lait. Quand la pâte a reposé 8 à 10 heures et est gonflée, ajoutez, sucre, 100 gr., Malaga, Corinthe et cédrat, 15 gr. de chaque, d'autres fruits encore, 1 verre de madère ou rhum. Beurrez un moule, en couronne de préférence, versez la pâte à moitié de la hauteur. Quand elle a gonflé de moitié, faites cuire 20 à 25 minutes. — Voy. *Gâteaux*, *Savarin* et *Baba*.

Pâte à Savarin. — Se fait comme le Baba ; mais avec du marasquin au lieu de rhum — on peut varier les liqueurs. — On peut faire le Baba et le Savarin sans pétrir la pâte. Pour cela, il suffit de mettre dans une terrine la levure délayée dans un peu d'eau, la farine, le beurre ramolli ; de manier avec une cuillère de bois et d'ajouter successivement les œufs, le sucre, le rhum, le cédrat. On tient la pâte un peu liquide. On verse dans un moule beurré et on fait cuire quand la pâte est levée, au bout de 5 à 6 heures. La pate ne doit remplir le moule qu'à moitié. — Voy. *Gâteaux*, *Sararin* et *Baba*.

Plum-Cake. — Mettez dans une terrine, 250 gr. de farine, 125 gr. de beurre, 5 gr. de levure de bière. — Pétrissez avec les mains ou la cuillère, ajoutez successivement 4 œufs, 125 gr. de sucre, 30 gr. de raisin de Corinthe et 10 gr. de malaga. Ajoutez du lait pour rendre la pâte un peu molle, versez-la dans une tourtière garnie d'un papier beurré, laissez-la reposer 3 ou 4 heures et faites cuire 3/4 d'heure. — Ne remplissez le moule qu'à moitié.

Crissini au beurre. — Délayez 100 gr. de farine avec un œuf, un peu de sel, 40 gr. de beurre. Joignez-y un levain que l'on obtient en mettant 4 gr. de levure de bière avec 20 gr. de farine et un peu d'eau ; ce levain doit être préparé 6 heures d'avance. Pétrissez fortement et laissez reposer 2 heures. — Coupez la bande et étendez-la de manière à faire de petites baguettes — faites prendre couleur à un four un peu chaud — les crissini doivent être bien secs.

Crissini au sucre. — Ne mettez que 20 gr. de beurre et 30 gr. de sucre. — *Dorez* — (V.).

Pâte à Dresser. — Prenez 1 livre de farine — faites un trou au milieu et mettez-y 2 œufs, 250 gr. de beurre un peu ramolli — un peu d'eau à 15° environ, 10 gr. de sel. — Pétrissez vigoureusement — remettez de la farine ou de l'eau pour donner à la pâte une bonne consistance. — Faites-en une boule que vous laissez reposer 3 heures — abaissez-la avec le rouleau de l'épaisseur de 2 ou 3 millimètres et donnez-lui la forme que vous voudrez en la mettant dans un moule beurré. — Voy. *Soudure*.

Pâte Brisée. — Elle se fait comme la pâte à dresser : quand elle est bien maniée, étendez-la avec le rouleau fariné, rabattez les deux extrémités vers le centre et pliez en deux, rabaissez avec le rouleau comme la première fois, répétez l'opération et garnissez votre moule. — Pour les pièces grasses on peut remplacer le beurre par de belle graisse.

Galette de pâte ferme. — Elle se fait

en pâte *brisée* (V.), dans laquelle on met 300 gr. de beurre, on l'abaisse à 1 centimètre, on la coupe en rond ou en bande, on la dore (voy.) et on la fait cuire 3/4 d'heure à feu modéré.

Petites galettes pour le thé. — Faites comme pour la galette, mais servez vous d'un coupe-pâte large de 5 cent. Dorez et faites cuire. Elles se servent bouillantes — on les fait aussi en *feuilletage* (V.).

Feuilletage. — Pétrissez ensemble 1 livre de de farine, 1 œuf et un blanc, un peu de sel et d'eau tiède — que la pâte soit assez épaisse pour ne pas s'étaler sur la table — formez-en une boule que vous laissez reposer 15 minutes. — Prenez 400 gr. de beurre, donnez-lui la même consistance qu'à la pâte. — Rabaissez la pâte, étendez-y le beurre, ramenez les deux extrémités vers le centre, pliez-la en deux et rabaissez-la de nouveau avec le rouleau enduit de farine. Répétez l'opération et laissez reposer 15 minutes; répétez encore l'opération 15 minutes après. Au moment de vous en servir vous travaillez une quatrième fois la pâte — faites cuire 20 à 25 minutes et prendre couleur. — Il ne faut pas préparer la pâte trop d'avance.

Galette feuilletée. — Prenez de la pâte à feuilleté et terminez comme la galette de pâte ferme soit grande soit petite.

Feuilles de palmier. — Prenez de la pâte à feuilletage — quand elle est terminée, abaissez-la en une bande épaisse de 1 cent. et longue de 40 cent. — Repliez les deux extrémités vers le centre, puis repliez en deux de manière à former une espèce de rouleau. Coupez la pâte en tranches larges de 5 millimètres saupoudrez légèrement de sucre et faites cuire.

Gâteau Breton. — Mettez dans une terrine 125 gr. de beurre un peu ramolli, 125 gr. de farine, 125 gr. de sucre, du citron ou de la fleur d'orange, un peu de cédrat et Corinthe, deux œufs entiers. Quand le mélange est bien opéré, versez dans un moule beurré, haut seulement de 15 mil. et faites cuire 45 minutes — la croûte doit se fendre à la cuisson.

Gâteau Nantais. — Faites comme pour le gâteau Breton, mais mettez des amandes concassées, ne donnez qu'un centimètre au plus d'épaisseur — supprimez la moitié du beurre et les raisins, et faites bien sécher au four. Il doit être croquant.

Quatre-Quarts ou **Galette Normande** — Se fait comme le gâteau Breton, mais est plus travaillé. — Maniez la farine et le beurre puis ajoutez les œufs et le sucre, etc. — supprimez les raisins. — 2 ou trois cent. d'épaisseur.

Madeleine. — Se fait comme les Quatre-Quarts mais avec 1 œuf et un jaune. Quand la pâte est bien travaillée, on ajoute un blanc en neige — et 50 gr. de beurre tiède. — Versez la pâte dans des moules beurrés.

Gênoise. — Mettez dans une terrine 3 jaunes d'œuf et 2 œufs et 200 gr. de sucre. Battez comme une pâte à biscuit — ajoutez peu à peu 125 gr. de farine et 150 gr. de beurre tiède. — Aromatisez, mettez 50 gr. d'amandes pilées — faites cuire dans un moule haut de 2 cent. Ne donnez à la pâte qu'un centimètre d'épaisseur.

Gâteau de Milan. — Se fait comme le gâteau Nantais avec 200 gr. de farine, 200 gr. de sucre, 2 jaunes d'œuf et un blanc en neige. — La pâte doit être assez épaisse pour ne pas s'étaler. — On l'abaisse de l'épaisseur d'une pièce de 5 fr., on la coupe en rond ou en losange et la laisse reposer une heure avant de la faire cuire. — Pour la faire au beurre, mettez 200 gr. de beurre et un peu de sel — dorez, décorez avec du cédrat, fruits confits ou glacé fondant.

Pâte à Biscuit et **Biscuit de Savoie.** — Mettez dans une terrine 300 gr. de sucre en poudre très-fine et 5 jaunes d'œuf : aromatisez ; battez bien le mélange pendant 15 à 20 minutes ; ajoutez avec le tamis : 250 gr. de farine bien sèche, en battant toujours la pâte — incorporez-y avec promptitude les blancs battus en neige très-fermes. Beurrez un moule, remplissez-le à moitié et faites cuire 20 minutes à feu doux — on voit s'il est cuit en y enfonçant une paille.

Biscuit à la cuillère. — Versez sur des feuilles de papier bulle de la pâte à Biscuit saupoudrée de sucre fin et mettez de suite au four doux.

Biscuit Mousseline. — Il se fait comme le biscuit mais avec 40 gr. de farine, 40 gr. de farine de riz et 35 gr. de fécule.

Pâte à choux. — Mettez dans une casserole 200 gr. d'eau, 80 gr. de beurre, 80 gr. de sucre. Quand le tout commence à bouillir, modérez le feu. Versez dans la casserole avec un tamis de la farine bien sèche jusqu'à ce que la pâte ne colle plus à la cuillère — tournez pendant la cuisson. Quand la pâte est refroidie, versez successivement 2 ou 3 œufs battus en omelette, en tournant toujours. Rajoutez de la farine ou un œuf selon que la pâte est trop épaisse ou trop liquide. Versez-la sur une table farinée, faites-en de petites boules que vous placez sur une plaque beurrée; faites cuire en donnant une belle couleur. Glacez les choux de sucre fin et remettez-les un instant à feu vif.

Pains à la Reine. — Faites une pâte à choux dans laquelle vous mettez du lait au lieu d'eau; donnez la forme de petits pains longs. Terminez comme les choux.

Ramequins. — Faites une pâte à choux, remplacez le sucre par un peu de sel, 60 gr. de gruyère et 30 gr. de parmesan rapés que vous mettez dans la casserole au moment d'ajouter la farine.

Talmouses. — Faites une pâte à choux sans sucre, mettez-y un peu de sel et 60 gr. de fromage blanc — on les fait aussi au fromage de Brie. — On peut les entourer d'une abaisse très-mince de feuilletage.

II

PATISSERIES SÈCHES.

Massepains. — Pilez dans un mortier 200 gr. d'amandes douces et quelques amandes amères, avec 200 gr. de sucre en poudre et le quart au plus d'un blanc d'œuf ; aromatisez. — Si la pâte est trop liquide, placez-la sur des cendres chaudes en tournant de continu— ayez soin qu'elle ne tourne pas en huile, mettez la pâte sur une table farinée — faites-en de petits bâtons — couronnes et losanges, faites cuire 15 à 20 minutes à four très-doux. Ne posez pas sur le plancher du four, mais sur un trépied haut de 4 à 5 cent. la plaque ou sont vos massepains. On peut les décorer de glacé *fondant* (V.), ou fruits confits, glacés ou croquants — on peut les farcir en les réunissant deux ensemble.

Callissons d'Aix. — Faites une pâte à massepain, faites-la cuire épaisse de 1 cent. ; coupez-la en ovales longs de 5 cent. sur 3 — et mettez-les bien sécher au four — glacez-les avec un blanc d'œuf battu avec du sucre fin, et remettez un instant à feu vif. — On peut les découper après la cuisson.

Macarons. — Epluchez 200 gr. d'amandes douces et 5 gr. d'amandes amères. — Pilez-les avec 250 gr. de sucre en poudre en ajoutant successivement 2 ou 3 blancs d'œuf ; aromatisez. — Ajoutez un blanc d'œuf si la pâte est trop épaisse — disposez la pâte sur une feuille de papier en petits tas espacés de 6 à 7 cent. ; faites cuire à feu doux jusqu'à ce qu'ils soient secs — ne pas ouvrir le four avant 15 minutes pour ne pas les refroidir.

Macarons de fête. — Pilez les amandes avec le sucre et un blanc d'œuf — ajoutez une cuillerée de farine et 6 blancs battus en neige. — Faites cuire comme les macarons.

Gâteau de Milan (page 11). — **Feuilles de palmiers** (page 10.)

Meringues. — Battez en neige très-ferme et excessivement fine, 6 blancs d'œufs ; incorporez-y peu à peu 250 gr. de sucre en poudre très-fine — servez-vous de sucre vanillé ou frotté sur du zeste de citron — versez à l'aide d'une cuillère, de petits tas de votre préparation sur une feuille de papier bulle. — Saupoudrez de sucre très-fin et mettez sécher à four très-doux — la plaque où les meringues sont posées ne doit pas toucher le plancher du four. — Quand elles sont cuites, détachez-les et mettez-les sécher dessous. — Elles se servent avec une crème fouettée — plombière — mousse — crème pâtissière et confitures. — On peut faire les croûtes de meringues à diverses essences en les aromatisant comme les *fondants* (V.).

Meringué. — Il sert à décorer un grand nombre de gâteaux — faites une pâte à meringue — étendez-la sur vos pièces d'une épaisseur de 1 cent. — faites des dessins avec la pointe d'un couteau et faites cuire à feu très-doux.

III

POUDINGS.

Plum-pouding. — Mettez dans une terrine 200 gr. de farine — 5 œufs en omelette — 8 gr. de sel — 200 gr. de sucre en poudre — 60 gr. de graisse de rognons de veau ou de beurre — un peu de clou de girofle, canelle, muscade, 2 verres de rhum, mélangez bien le tout, ajoutez 60 gr. de raisin de corinthe et 60 gr. de malaga dont vous retirerez les pépins. — D'autres fruits confits — un demi verre de lait — du zeste de citron haché. La pâte doit être molle, rajoutez un peu de mie de pain si elle est trop liquide. On peut remplacer la farine par du pain trempé dans du lait et du rhum ou du riz cuit au lait.

Cuisson du pouding. — Il y a trois manières de faire cuire le Plum-Pouding ; la première consiste à placer la pâte dans un linge fariné, à ficeler la pâte dans la toile, à mettre le tout cuire dans un chaudron d'eau bouillante pendant 3 heures. — La deuxième consiste à verser la pâte dans une tourtière beurrée et garnie de chapelure. — La troisième à verser la pâte dans un moule garni de pâte brisée. Nous conseillons le deuxième procédé, celui de la tourtière beurrée, comme le plus facile, et donnant un pouding plus digestif et plus savoureux.

Sauces de pouding. — On peut le servir froid avec du sucre en poudre ou avec un glacé au rhum ; — chaud, avec du rhum brûlé, ou la Sauce du Pouding à la crème (voy. ci-après) — ou encore avec la sauce suivante : faites fondre 100 gr. de beurre, ajoutez-y une petite cuillerée de farine — 50 gr. de sucre en poudre et 2 verres de rhum ou madère. On sert la sauce avec le pouding ou dans un saucier.

Pouding aux fruits. — Etendez la pâte de plum-pouding sur une serviette farinée, mettez au milieu vos fruits épluchés et saupoudrés de sucre — ficelez le linge et terminez comme le plum-pouding. — On peut le faire aussi dans une tourtière.

Pouding à la crème. — Trempez 1/2 livre de tranches de mie de pain dans du beurre fondu, saupoudrez-les de sucre fin frotté sur du citron ou vanillé. Disposez-les par lit dans un moule beurré en mettant entre chaque lit, un lit de raisins épluchés et de fruits confits que vous mouillez un peu avec du rhum. — Versez sur le tout une crème composée de la manière suivante : — Mettez dans une casserole 1/2 verre de lait et 100 gr. de sucre ; quand il est bouillant, joignez-y 2 œufs en omelette et faites prendre légèrement en tournant sur un feu doux. Quand la crème a la consistance d'une bouillie claire, versez-y 2 verres de rhum et quand elle est un peu refroidie, versez-la sur vos tranches de pain en ayant soin que la crème pénètre bien dans tous les vides, ce que l'on fait en éloignant les tranches de pain du moule avec un manche de cuillère et cela sans déformer le gateau. On peut remplacer la mie de pain par de la brioche, du baba ou du biscuit. — faites cuire le pouding au bain-marie avec feu dessus jusqu'à ce qu'il soit solide — ce pouding peut se faire au madère, kirch, marasquin. — On peut, quand la cuisson est presque terminée, l'arroser avec un verre d'une de ces liqueurs. — Il se sert avec une sauce pareille à la crème qui a servi à le faire ou avec les sauces du plum-pouding. (V.)

Pouding de Biscuit. — Faites un pouding à la crème avec du biscuit, et servez chaud avec de la gelée de groseille ou d'autres fruits délayée dans un peu d'eau avec une cuillerée de bonne eau-de-vie.

IV

GATEAUX, FLANS.

Macaroni. — Prenez 250 gr. de macaroni d'Italie, de préférence à celui d'Auvergne qui se délaye plus à la cuisson, et faites-le cuire 15 à 20 minutes dans l'eau bouillante salée ou au bouillon. — Retirez-le quand il fléchit sous le doigt et mettez-le égoutter. Mélangez-y sans l'écraser, 250 gr. de gruyère bien fait et 60 gr. de parmesan, un peu de sel si le fromage est nouveau — poivre — épices et 100 gr. de beurre — dressez le macaroni dans une tourtière beurrée garnie de chapelure et de fromage rapé et faites cuire. — On peut y ajouter des tranches minces de truffes. — Pour faire un macaroni à la milanaise, ajoutez un peu de jus de viande et des blancs de volaille — arrosez de jus au moment de servir. — Pour le servir en timbale, versez-le dans une tourtière garnie de pâte brisée très-mince. — On fait aussi de petits macaronis de la grandeur d'un petit pâté.

Gâteaux de Nouilles, Lazagnes, Vermicelles. — On traite ces pâtes comme le macaroni, ou on les fait au sucre et on termine comme le gâteau de riz, et l'on sert avec la sauce de ce dernier. (V.).

Gâteau de Riz. — Lavez à plusieurs eaux et laissez tremper 10 minutes 125 gr. de beau riz, égoutez-le et mettez-le sur un feu doux avec un demi litre de lait. Ne remuez pas pendant la cuisson et ne laissez pas le riz à sec tant qu'il n'est pas cuit et tendre. Quand il est cuit, mettez-y 60 gr. de beurre et laissez-le un peu tarir à feu doux en ayant soin qu'il n'attache pas. — Ajoutez-y 100 gr. de sucre que vous faites fondre dans une cuillerée de lait et 3 œufs battus en omelette — aromatisez. — Versez le riz soit dans une tourtière beurrée garnie de chapelure, soit dans un moule garni d'une couche très-mince de pâte brisée — il se sert froid ou chaud. Si on le sert chaud on peut battre les blancs en neige et le servir soit avec du rhum brûlé, soit avec la sauce suivante ou la sauce du pouding.

Sauce du Gâteau de Riz. — Faites chauffer un verre de lait avec 60 gr. de sucre, aromatisez, joignez-y 2 œufs battus en omelette ou seulement les jaunes, et faites cuire sur un feu doux en tournant jusqu'à consistance d'une bouillie claire.

Gâteau de Semoule, Tapioca, Gluten — Ils se font comme le gâteau de riz et se servent de même, on peut y mettre de l'angélique et du cédrat. — Ils sont nourrissants et très-sains.

Gâteau de Marrons. — Faites cuire à l'eau salée deux litres de marrons — épluchez-les, écrasez-les et délayez-les avec du lait que vous ajoutez peu à peu, pour en faire une bouillie épaisse. Mélangez 300 gr. de sucre en poudre, aromatisez et faites cuire au bain-marie dans une tourtière beurrée. Servez froid couvert de sucre en poudre ou glacé au fondant (voy.) ou chaud avec une *sauce de gâteau de riz* (V.), ou du rhum brûlé.

Gâteau de pomme de terre et Topinambour. — Faites cuire 400 gr. environ de pommes de terre rondes dans de l'eau salée — épluchez-les et écrasez-les avec 400 gr. de sucre en poudre, 400 gr. de beurre tiède et un peu de lait. — Aromatisez, ajoutez 4 jaunes d'œuf et 4 blancs battus en neige — faites cuire et servez chaud comme le gâteau de riz. — On peut le faire aussi au jus, en supprimant le sucre.

Gâteau de potiron. — Faites-le cuire au lait et au sucre — faites-le tarir — mélangez-y 2 œufs battus, par 500 gr. de potiron et faites cuire au bain-marie.

Purée ou pâte d'Amande. — Pilez 200 gr. d'amandes douces et 40 gr. d'amères épluchées, avec 450 gr. de sucre et un peu de blanc d'œuf — on en garnit différents gâteaux.

Flans à la Farine, à la fleur de Riz, à la Fécule. — Faites bouillir un demi litre de lait, mettez-y 200 gr. de sucre, aromatisez — ajoutez-y, quand il est bouillant, une cuillerée de fécule — 2 cuillerées de farine de riz ou 3 de farine ordinaire délayée avec un peu de lait froid — faites cuire en tournant. — Joignez-y 3 œufs entiers ou seulement 3 jaunes ; faites cuire comme le gâteau de riz ou garnissez-en une pâtisserie.

Flan au Chocolat — au Café. — Faites cuire 2 tablettes de chocolat dans un demi litre de lait avec 100 gr. de sucre — ajoutez une cuillerée à café de fécule délayée dans un peu de lait — joignez-y 5 œufs ou 5 jaunes, quand la bouillie est cuite. — Se sert comme le *flanc* (V.).

Frangipane. — Faites un flan ; quand les œufs y sont mélangés, laissez refroidir et ajoutez-y en remuant le tout 200 gr. d'amandes douces et 10 gr. d'amandes amères pilées. — Elle sert à garnir des pâtisseries.

Crème pâtissière. — Faites un flan ordinaire ou au chocolat dans lequel vous ne mettez que les jaunes d'œuf — ajoutez-y pendant qu'il est chaud 5 blancs d'œuf battus en neige et 5 gr. de gélatine, 10 en été, fondus dans un peu d'eau.

Crème au Riz. — Faites un flan (V.) avec une cuillerée d'entre-mets de farine de riz, mélangez-y 5 jaunes d'œuf et faites cuire comme une crème. — On peut aromatiser au lait d'amande ou mettre quelques amandes pilées.

Crême aux Marrons. — Ecrasez 50 marrons comme pour le gâteau de *marrons* (V.), avec un demi litre de lait — ajoutez-y 400 gr. de sucre en poudre et 3 jaunes d'œuf, aromatisez et liez légèrement. Mélangez 4 blancs en neige, mettez au four de campagne, servez comme un soufflé.

V

SOUFFLÉS.

Soufflés au Riz, à la Semoule, au Tapioca, au Gluten. — Ils se font comme les gâteaux de Riz mais avec 5 jaunes et 5 blancs en neige ajoutés au moment de mettre dans le moule, que l'on garnit de *caramel* (V.). Ils se servent souvent dans la tourtière et avec une sauce comme les *gâteaux de Riz* (V.).

Soufflé de Farine, de Riz et de Fécule. — Se fait comme le flan mais avec 5 jaunes d'œuf — on mélange délicatement les 5 blancs en Neige, et on termine comme le soufflé de Riz.

Soufflé au Café, au Chocolat, aux Amandes. — Se fait comme le flan au chocolat, mais les blancs sont battus en neige — terminez comme le soufflé de riz. — On emploie un lait d'amande préparé comme pour une *crème* (V.).

VI

ENTREMETS D'ŒUFS, CRÊMES.

Omelette soufflée. — Elle demande à être servie sortant du four. Battez deux jaunes d'œuf avec 80 gr. de sucre en poudre très-fine. Mélangez promptement 6 blancs en neige très-ferme — versez dans un plat beurré et faites cuire au four de campagne et prendre couleur.

Œufs à la Neige. — Faites chauffer un bol de lait avec du sucre et de la vanille, battez en neige très-ferme 6 blancs d'œuf, mélangez-y peu à peu du sucre très-fin aromatisé et mettez-en avec une écumoire une cuillerée dans le lait bouillant. Quand l'œuf monte en haut de la casserole, retournez-le avec l'écumoire, laissez-le remonter encore et égoutez-le sur un plat. — Quand tous les œufs sont cuits, passez le lait pour en retirer les petits morceaux d'œuf et délayez-y les jaunes. Liez légèrement en tournant sur un feu doux.

Œufs à la Neige, au Café, Chocolat, Lait d'Amande. — On verse dans la sauce des œufs à la neige avant de mettre les jaunes — soit du café très-fort ou du chocolat fondu dans un peu de lait et vanillé — soit un peu de lait d'amande (voy. crème anglaise aux amandes).

Timbale d'œufs à la Neige. — Versez les blancs d'œuf battus très-ferme et légèrement sucrés et aromatisés dans un moule beurré garni de sucre en poudre ; faites cuire au bain-marie avec très-peu de feu dessus et servez avec une sauce d'*œufs à la neige* (V.).

Crème Soufflée. — Versez dans un demi verre de lait bouillant et sucré avec 125 gr. de sucre — 6 jaunes d'œufs — faites-en une bouillie épaisse en tournant au bain-marie — mélangez-y 6 blancs en neige très-ferme et faites cuire comme la timbale d'œuf à la neige ou dans un plat creux pouvant aller au feu.

Omelette Sucrée. — Battez 6 jaunes d'œuf et 3 blancs avec 60 gr. de sucre. Aromatisez, versez dans la poêle quand le beurre est bouillant et commence à fumer — servez saupoudré de sucre en poudre — glacez avec un fer chaud. — Pour faire l'omelette aux confitures, pliez en chausson en la garnissant à l'intérieur de confitures ou marmelade. — Pour la faire au rhum, mettez une cuillerée de rhum avec les œufs, faites comme l'omelette au sucre et servez avec du rhum brûlé. — Pour la faire au lait, faites une omelette au sucre dans laquelle vous mettez un demi verre de bon lait. Faites cuire à feu moins vif.

Œufs au Lait. — Faites chauffer un demi litre de lait avec 120 gr. de sucre. Aromatisez comme les crèmes (voy.) — ajoutez-y 3 œufs entiers battus, versez dans un compotier ou dans des petits pots. — Faites cuire au bain-marie avec feu dessus.

Crème Anglaise. — Faites chauffer un demi litre de lait avec 200 gr. de sucre — aromatisez — ajoutez 5 jaunes d'œuf battus avec une cuillerée de lait — passez au tamis ou à la serviette — versez dans un compotier de porcelaine. Faites cuire à bain-marie avec feu dessus.

Crème au Citron vanillé, fleur d'orange. — Frottez le sucre sur le zeste d'un citron — mettez un demi bâton de vanille chauffer dans le lait — une cuillerée de fleur d'oranger ou des fleurs fraîches bouillies dans le lait.

Crème au Café, Chocolat, Thé. — Mettez un peu de café très-fort — faites cuire dans le lait 2 tablettes de bon chocolat vanillé, ou mettez infuser dans un peu de lait bouillant une cuillerée à café de bon thé vert, au moment d'ajouter les œufs. (V. *crême anglaise*).

Crème aux Liqueurs. — Mettez au moment d'ajouter les œufs un petit verre de rhum, kirch, marasquin ou autre liqueur. (V. *cr. angl.*).

Crème aux Groseilles, Framboises et Fraises. — Ecrasez une demi livre de ces fruits, passez le jus, ajoutez-y 200 gr. de sucre fondu dans un verre de lait bouillant et 5 jaunes d'œuf — faites prendre au bain-marie.

Crème aux Amandes, Noisettes, pistaches. — Pilez 60 gr. d'amandes douces et 5 gr. d'amandes amères — ou 80 gr. de noisettes ou pistaches, épluchées, avec un peu de lait et de sucre — ajoutez un demi verre de lait et exprimez le tout dans une serviette — ajoutez à cette préparation, la crème au moment de mettre les œufs.

— Le lait qui sert à délayer les amandes doit être pris sur le demi-litre de lait qui sert à faire la crème anglaise ordinaire.

Crème à l'eau. — Quand vous n'avez pas de lait, mettez un verre d'eau et 5 jaunes d'œuf ou 4 œufs tout entiers. — Terminez comme la crème anglaise.

Crème Renversée. — Versez dans une tourtière garnie de *caramel* (V.), une crème anglaise à une essence quelconque ou des *œufs au lait* (V.), mettez au bain-marie avec feu dessus — renversez quand elle est froide — servez avec le caramel — ou une sauce d'*œufs à la neige* (V.).

Crème panachée. — On peut verser d'abord une crème à la vanille — faire prendre un peu avec feu dessus — puis ajouter une crème au chocolat et terminer la cuisson.

Pots de Crème. — Versez dans de petits pots une crème *anglaise* — *œufs au lait* ou *plombière* (V.), faites cuire au bain-marie — ils doivent être mollets. — On peut les panacher comme la *crème renversée* (V.).

Œufs en Surprise. — Videz des œufs par un petit trou large de 2 millimètres et lavez-les —

pour les vider on se sert d'une petite baguette avec laquelle on crève le jaune pour qu'il puisse sortir. Remplissez-les à l'aide d'un entonnoir, d'une *crème anglaise* (V.) ou d'œufs au lait — faites-les cuire au bain-marie posés sur des coquetiers — lavez-les et quand ils sont froids bouchez l'ouverture avec du *fondant* (V.). — Vous pouvez les remplir d'une *crème bavaroise* (V.) et quand ils sont froids les tremper dans l'eau tiède, casser les coquilles et les servir sur une serviette en variant les essences.

Fromage à la Crême. — Prenez du fromage blanc ou caillé, délayez-le avec quantité égale de bonne crême et mettez égouter dans un panier garni de linge. — Renversez-le sur le plat et servez avec de bonne crême.

Fromage à la parisienne. — Mêlez à un fromage à la crême un *quart* de crême fouettée ou de blanc d'œuf en neige et de sucre en poudre.

Fromage aux Fraises. — Mélangez à un fromage à la crême le jus d'une demi-livre de fraises bien mûres écrasées avec un peu de lait — mettez quelques fraises entières.

Fromage aux Confitures. — Mélangez

à un fromage à la parisienne un peu de gelée de groseille ou framboise fondue ou du sirop.

Crème Fouettée. — Prenez un litre de crème que vous enlèverez sur de bon lait, battez-la dans un endroit frais avec une verge — mettez une pincée de gomme adragante si la mousse ne se forme pas. — Enlevez la mousse à mesure qu'elle se forme et tenez-la au frais. On la sucre au dernier moment avec du sucre très-fin.

Crème plombière. — Mettez refroidir — sur de la glace si vous en avez — une crème au riz et remuez-la de temps en temps — mélangez-y quantité égale de crème fouettée.

Mousse. — Faites un sirop de sucre très-épais ; quand il est bouillant joignez-y un jaune d'œuf mélangé à une essence quelconque et tournez le tout sur un feu doux jusqu'à consistance de bouillie épaisse. — Remuez de temps en temps jusqu'à ce que la préparation soit refroidie — mélangez-y au moment de servir dix fois son volume de crème fouettée.

Mousse à la Vanille, au Citron, à la fleur d'Oranger, au Chocolat. — Mélangez au jaune d'œuf une cuillerée de sucre vanillé ou frotté sur un zeste de citron — une cuillerée d'eau de fleur d'oranger, une demi tablette de chocolat en poudre.

Mousse au Café-Thé. — Mélangez au jaune d'œuf, un peu d'excellent café ou deux cuillerées d'infusion de thé vert.

Mousse aux Amandes-pistaches. — Pilez 60 gr. d'amandes avec 2 cuillerées d'eau, exprimez le jus, joignez-le au jaune d'œuf.

Mousse aux Fruits. — Mélangez au jaune d'œuf une cuillerée de sirop ou de suc de fruit concentré.

Crême Fondante. — Préparez un sirop comme pour la *mousse* (V.), au lieu de crème fouettée, mélangez-y pendant qu'il est chaud, d'excellent beurre tiède et remuez sur de l'eau froide jusqu'à consistance de beurre. — On met quantité égale de sirop préparé et de beurre ; cette crème se fait de préférence au café, aux amandes, aux pistaches et au chocolat ; — elle sert à garnir des pâtisseries. Si le beurre se mélangeait mal au sirop, travaillez le tout sur des cendres chaudes.

Fromage Bavarois. — Il se fait comme la mousse (voy.), mais l'on ajoute 10 gr. de colle de poisson et on fait prendre sur la glace ou au frais.

Crème Bavaroise. — Prenez une crème anglaise que vous tournez au bain-marie jusqu'à consistance de bouillie claire ; joignez-y 8 gr. de gélatine que vous mettez dans l'eau froide et à laquelle vous donnez un bouillon, versez dans un moule huilé et placez sur la glace. — Ne mettez pas dans un moule en métal une crème acide.

VII

GELÉES D'ENTREMETS

Gelées d'Entremets aux Liqueurs et aux Fruits. — Mettez 20 gr. de gélatine dans un verre d'eau froide et donnez-lui un bouillon — ajoutez un *sirop* (V.) fait avec 300 gr. de sucre et 4 verres de rhum ou autre liqueur — versez dans un moule huilé placé sur de la glace — trempez dans l'eau chaude pour démouler. — Pour faire une gelée aux fruits — ajoutez 1/2 verre de suc de fruit exprimé — n'employez pas un vase en métal. En mettant dans la gelée, des fruits frais ou confits, on en fait une gélee macédoine.

Blanc Manger. — Pilez 200 gr. d'amandes douces et quelques amandes amères, ajoutez un verre d'eau ou de lait — exprimez le jus dans un torchon, ajoutez 2 verres de lait et 200 gr. de sucre — puis 20 gr. de gélatine fondue dans un verre d'eau froide et à laquelle vous donnez un bouillon. — Tenez au frais ou sur la glace.

Blanc aux Œufs. — Mélangez à un lait d'amande préparé comme pour le blanc manger, 6 blancs en neige. Faites cuire sur des cendres chaudes avec le four de campagne.

VIII

GLACES.

Congélation. — La fabrication des glaces — surtout celle des glaces de crêmes — ne présente pas grande difficulté et la réussite est toujours assurée. — Placez au fond d'un seau, en bois de préférence, un morceau de glace de la grandeur du seau. — A moins que vous n'ayez un seau à pivot — placez sur ce morceau de glace la sorbetière, vase de forme conique en étain, fer blanc ou plomb, ou à défaut une simple boite au lait. — Empilez entre le seau et la sorbetière, de la glace grossièrement pilée ou de la neige, mélangée à 1 dixième de salpêtre et 1 cinquième de sel de cuisine — versez alors dans la sorbetière la préparation que vous avez rafraichie le plus possible et ne remplissez le vase qu'aux deux tiers, fermez-le alors et faites-le pivoter pendant 6 à 7 minutes, ouvrez-le et à l'aide d'une longue cuillère ou spatule nommée houlette, détachez la crème qui se fixe aux parois de la sorbetière — répétez encore l'opération 4 ou 5 fois à 3 minutes d'intervalle. — Plus la crème est travaillée avec la cuillère, meilleure elle est — laissez reposer au moins 10 minutes avant de servir — pour servir la glace, vous trempez la sorbetière dans l'eau tiède et renversez promptement sur un plat ; on peut tirer les glaces avec une cuillere et les dresser en rocher ou dans des verres. — Si vous voulez une glace cannelée — vous faites une glace dans une sorbetiere ronde, vous tassez dans un moule cannelé et laissez 20 minutes dans la glace ; les petites glaces moulées se font de même — on ferme les moules avec un peu de cire. — Si vous voulez une glace panachée, vous faites séparément deux glaces, dont l'arôme aille bien ensemble et vous les tassez dans le moule en les séparant par une cloison mobile en fer blanc, que vous retirez quand il est rempli. — Si les glaces sont acides, ne vous servez pas d'ustensiles en plomb.

Glaces de crêmes à la Vanille, Chocolat, Thé, Café, Amande, pistache, fleur d'orange, Noisette, Citron. — Faites une crême anglaise à l'une de ces essences, liez-la légèrement en tournant au bain-marie — remuez-la pendant qu'elle refroidit — mettez-la au frais jusqu'au moment de la glacer (V. *Congélation*).

Glaces aux Groseilles, Cerises, Framboises, Fraises, Ananas. — Ecrasez une livre de ces fruits avec un peu d'eau, ajoutez 400 gr. de sucre cuit en sirop épais et refroidi — versez dans la sorbetière (V. *Congélation*). — On se sert aussi de sirop de fruit — on peut relever le goût avec un peu de jus de citron.

Glace à l'Orange, Citron. — Mettez le zeste de ces fruits infuser 4 heures dans 400 gr. de sucre en sirop épais, exprimez pour la glace à l'orange le jus de 2 oranges et un citron : pour celle au citron, deux citrons (V. *Congélation*).

Glace aux pêches, Abricots. — Écrasez 8 de ces fruits bien mûrs avec un demi verre d'eau — retirez les noyaux — au bout de 4 heures exprimez le suc et joignez-y 400 gr. de sucre cuit en sirop (V. *Congélation*).

Glace à la pomme, à la poire. — Ajoutez à 400 gr. de sucre cuit en sirop, 1 verre de suc de fruit préparé comme pour une *gelée* (V. *Congélation*).

Glace aux Liqueurs. — Se préparent comme les glaces aux fruits ; mais au lieu de fruits, on met pour celle au rhum, un verre et une cuillerée de jus de citron. — Pour le punch deux verres — pour les autres liqueurs un verre.

Sorbets et **eaux de fruits glacées.** — Faites des glaces aux fruits ou liqueurs dans lesquelles vous mettez moitié moins de sucre et que vous servez dans des verres. — Ils sont toujours un peu liquides.

Punch à la Romaine. — Faites un sorbet au rhum dans lequel vous mettez au dernier moment deux blancs d'œuf en neige.

4

Sorbet au Marasquin et vin de Champagne. — Faites un punch à la Romaine et ajoutez-y en même temps que les œufs, 2 verres de champagne ou marasquin.

Glace Bavaroise. — Mettez dans la sorbetière un sirop épais, à une essence quelconque préparée comme pour la mousse (voy.); quand il commence à se congeler, mélangez-y 4 fois son volume de crème fouettée (voy. *Congélation*).

Glace plombière. — Faites glacer (voy. *Congélation*) une crème *plombière* (V.).

Tutti Frutti. — Préparez telle glace que vous voudrez, de préférence — vanille — citron — amande — rhum — mettez-y des fruits confits ou cuits dans du sirop — mélangez bien le tout.

Glace Macédoine. — Faites une glace aux fruits — mélangez-y quand elle est à moitié prise des fraises et framboises ou autres fruits entiers, rais ou conservés et une cuillerée de jus de citron.

Soyers. — Ajoutez à une glace aux liqueurs, citron ou orange — du vin de porto, xérès ou autre de même sorte et du champagne.

Café et Chocolat glacé. — Dans 6 tasses d'excellent café au lait sucré ou chocolat dont vous retirez bien toute la matière grasse, délayez un jaune d'œuf et liez un peu sur le feu — faites refroidir sur la glace.

Vins Frappés. — Mettez les bouteilles dans le seau à la place de la sorbetière. — On ne frappe généralement que le champagne supérieur.

IX

SIROPS.

Sirop de Sucre. — Mettez 1 kil. de sucre et 500 gr. d'eau — donnez trois bouillons. — Pour clarifier le sirop, mettez-y un blanc d'œuf et écumez — passez-le à la chausse — il doit marquer 32° au pèse-sirop.

Sirop de Cerise, Groseille, Framboise. — Ecrasez ces fruits, laissez-les 24 heures à la *cave*, mettez 1 livre de jus pour 1 kil. de sucre.

Coing. — Rapez ces fruits dans 1 litre d'eau, au bout de 24 heures passez le jus et faites le sirop en ajoutant 1 kil. de sucre.

Sirop, Orange et **Citron, Ananas.** —

Mettez le zeste infuser dans le sirop de sucre pendant 24 heures. Faites un sirop de sucre très-épais à 38° avec 1 kil. de sucre, ajoutez-y le jus de 10 fruits. — Pour l'ananas, exprimez le suc après l'avoir laissé macérer 4 heures dans 1 verre d'eau.

Orgeat. — Pilez 150 gr. d'amandes douces et 10 gr. d'amandes amères, 100 gr. de sucre et un peu d'eau — ajoutez un verre d'eau et exprimez le suc — pilez de nouveau le marc avec un verre d'eau, joignez-y deux fois le poids de sirop très-épais à 38°.

Sirop de fleur d'Orange. — Ajoutez à 1 kil. de sucre en sirop — 60 gr. d'eau de fleur d'oranger.

X

CONFITURES.

Gelées de Fruits rouges. — Exprimez le suc de ces fruits — ajoutez livre pour livre de sucre — faites cuire; versez quelques gouttes sur une assiette pour voir si elle est cuite — retirez du feu — passez et mettez en pots.

Gelées de pommes, poires, prunes. — Faites cuire ces fruits avec de l'eau, posez-les sur un tamis — passez le jus — mettez quantité égale de sucre (voy. ci-dessus).

Pâtes de Fruits. — Faire une gelée très-sucrée et peu cuite, la verser dans des vases plats, retourner de temps en temps.

Confitures de Cerises et fruits Rouges. — Mettez cuire, 15 minutes, dans un sirop de sucre, des cerises épluchées — laissez reposer dans un vase en porcelaine jusqu'au lendemain. — Préparez une gelée de cerises, groseilles ou framboises, mettez-y vos cerises au moment de mettre dans les pots. — Les fraises se mettent seulement dans le sirop bouillant.

Confitures de Poires, Abricots, Prunes. — Epluchez les fruits, mettez-les cuire dans un sirop de sucre fait livre pour livre. Quand ils sont cuits mettez les fruits dans les pots — faites rebouillir le sirop et versez-le par-dessus.

Marmelades. — Faites cuire 1 livre de fruits avec 150 gr. de sucre et 1 verre d'eau — moins de sucre si les fruits sont très-murs et sucrés — quand ils sont cuits faites réduire. — On peut aromatiser à la vanille — canelle — zeste de citron — un peu d'eau-de-vie.

Marmelade de Rhubarbe. — Faites blanchir les tiges des feuilles à l'eau *bouillante*, faites-les cuire avec canelle et girofle jusqu'à ce qu'elles soient tendres ; ajoutez un quart de sucre et un peu d'eau-de-vie.

Compote de pommes et poires tapées, pruneaux. — Faites tremper 3 ou 4 heures à l'eau froide, faites cuire dans un peu d'eau et de sucre — ou du vin — aromatisez comme les marmelades — faites réduire.

Compote de poires, cerises, fraises. — Mettez vos fruits cuire dans un sirop de sucre un peu clair — quand ils sont cuits, faites réduire. — Les poires doivent être épluchées — on verse le sirop bouillant sur les fraises.

Compote de pêches, abricots, prunes. — Trempez-les dans l'eau bouillante et retirez la peau — mettez-les cuire deux minutes dans un sirop de sucre — aromatisez comme les marmelades (voy.). — On peut aussi laisser les peaux.

Raisiné. — Faites réduire du jus de raisin aux

3/4 — mettez un quart de sucre — des morceaux de poires déjà cuites, des raisins secs, des pruneaux et autres fruits ; faites épaissir sans brûler — mettez un peu d'eau-de-vie, versez en pots.

Fruits confits. — *Trempez* vos fruits à l'eau bouillante — retirez les noyaux et épluchez-les si ce sont des poires. Faites un sirop de sucre. Mettez-y cuire vos fruits 1 minute, laissez-les tremper dans le sirop pendant 10 heures dans un vase en porcelaine, égoutez-les 3 ou 4 heures, répétez l'opération de 4 à 10 fois selon la nature et la grosseur des fruits — à chaque cuisson, augmentez la consistance du sirop — piquez les poires avec une grosse aiguille — et laissez-les ainsi que l'angélique un peu plus longtemps à la première cuisson. — Les fruits verts doivent être *trempés* dans l'eau froide en sortant de l'eau bouillante. Les figues surtout et en général tous les fruits seront choisis très-peu *murs* — les noix vertes devront être *épluchées*, blanchies et cuites à l'eau jusqu'à ce qu'elles soient tendres. Les marrons seront cuits à l'eau et *épluchés* avant d'être confits — pour les *pêches* et abricots, il faut retirer les noyaux (voy. croquembouches, fruits glacés).

Confitures du Midi. — Faites cuire des fruits variés comme pour les confire (voy. fruits confits). On peut faire cuire les fruits un peu plus longtemps et ne faire alors qu'une ou deux opérations — passez le sirop. — Mélangez-y de la gelée de pomme, coing ou orange, *ou* mettez-y simplement de l'orange ou de la vanille et versez ce sirop bouillant sur vos fruits. Les fruits doivent conserver leur forme.

XI

ENTREMETS ET FRITURES.

Pommes et **poires meringuées.** — Faites une marmelade, dressez dessus des pommes ou poires *cuites* en compote, mettez sécher au four de campagne, couvrez de meringué (voy.) — faites cuire à feu doux.

Pommes aux confitures. — Faites comme pour les pommes meringuées, mais au lieu de meringué, mettez des confitures.

Pommes à la Condé. — Mélangez quantité égale de pommes en marmelade avec du riz préparé comme pour le gâteau de riz — dressez dessus, soit des pommes aux confitures, soit des pommes meringuées, abricots et pêches à la Condé.

Croustades au rhum et madère. — Trempez dans du beurre des tranches de pain, biscuit ou brioche — arrosez-les de rhum ou madère, dressez-les en couronne sur un lit de confiture d'abricot — faites *entrer* la confiture entre les tranches; faites cuire longtemps à petit feu — arrosez de temps en temps avec la liqueur.

Pâte à frire. — Délayez 4 cuillerées de farine avec 3 cuillerées de beurre tiède et un jaune d'œuf. Ajoutez un peu de lait si la pâte est trop épaisse — elle doit être assez consistante pour s'attacher aux pièces à frire — ajoutez à la pâte au moment de l'employer un blanc d'œuf en neige et une cuillerée de sucre en poudre — on peut faire aussi la pâte avec : 125 grammes de farine, 1/2 verre d'huile et un grand verre d'eau-de-vie. On laisse alors reposer la pâte pendant 2 ou 3 heures — la friture doit être bouillante au moment où l'on met les pièces, elle doit être sur un bon feu pour ne pas se refroidir, surtout quand les pièces sont grosses ou ne sont pas encore cuites comme dans les beignets.

Beignets de pommes et fruits. —

Faites mariner vos rondelles de pommes dans de l'eau-de-vie et du jus de citron — puis trempez-les dans la pâte et faites frire.

Crèmes frites. — Coupez par morceaux des œufs au lait refroidis — trempez dans la pâte et faites frire, on les fait à la *crème au riz* et aux *flans* (V).

Croquettes de Riz, Semoule, Pommes de terre, Marrons et Flans. — Prenez de ces substances préparées comme pour les gâteaux, mais avec 2 œufs de plus, terminez comme les crèmes frites — on peut aussi les tremper dans de l'œuf battu, saupoudrer de farine et faire cuire au beurre.

Pain perdu. — Mettez *tremper* pendant 10 minutes des tranches de pain dans du lait sucré et aromatisé — égoutez-les, trempez-les dans l'œuf battu, faites frire. — On le fait avec des dessertes de brioches, baba, biscuit. — Au lieu de lait on peut faire tremper les pièces dans une crème préparée comme pour le pouding à la crème — égouter, tremper dans la pâte et faire frire. On peut aussi les tremper dans l'œuf puis les saupoudrer de farine et faire cuire dans du beurre.

Beignets soufflés et **farcis.** — Faites de

petites boulettes de pâte à choux, faites frire — on peut se servir de pâte à brioche et y ajouter du sucre en poudre. — On peut aussi les garnir à l'intérieur de confitures, mais alors on se sert plutôt de pâte à choux.

Crêpes. — Faites une pâte claire avec 100 gr. de farine, 1 œuf, 50 gr. de sucre, un peu de sel, 1 cuillerée à café d'huile et un grand verre d'eau-de-vie — laissez reposer 3 heures — faites chauffer une poêle avec une noisette de saindoux, versez une cuillerée de pâte et faites prendre couleur. Servez avec du sucre.

Gaufres. — Délayez 150 gr. de farine, 1 jaune d'œuf, un peu de sel, 50 gr. de sucre en poudre, 50 gr. de beurre tiède, 1 verre de lait, — laissez reposer 2 heures — mettez-en une cuillerée dans un moule à gaufres graissé et très-chaud.

XII

PATISSERIES-ENTRÉES.

Pâtés gras, froids. — Les pâtés de viandes se servent froids de préférence — prenez de la pâte à dresser et garnissez-en un moule à pâté beurré en ayant soin de placer sous le pâté une feuille de papier beurré, garnissez le fond de bandes de lard. Mettez ensuite un lit de la farce suivante : — faites revenir un oignon, du lard, du veau gras et maigre, du foie, ajoutez thym, sel, épices, jambon cuit, garnissez-en le fond du pâté — placez dessus des morceaux de telles viandes que vous voudrez, et de jambon. Ne faites cuire les viandes, (à l'exception du jambon qui doit être toujours cuit) que si le pâté est gros — crues elles ont meilleur goût — remettez un lit de farce et ainsi de suite, jusqu'à ce que le pâté soit rempli — ne lui donnez pas trop de hauteur. Garnissez le dessus de bandes de lard, puis du couvercle en pâte — faites-y un trou dans lequel vous introduisez une carte roulée afin que la vapeur puisse sortir; faites cuire une heure par livre de pâté — quand il est cuit, on verse par l'ouverture un peu de gelée de viande fondue. Pour les pâtés de gibier, tel que : bécasses, bécassines, grives, alouettes, on pile les intestins dans la farce et on laisse quelques oiseaux entiers. — Pour les volailles, lapins et lièvres, chevreuil, on peut laisser les gros morceaux avec les os, en les piquant de lard fin assaisonné.

Pâtés maigres. — Pilez 200 gr. de blancs de poissons tels que : brochet, carpe, anguille ou thon, saumon, turbot, barbeau, mulet, alose et merlan — on prend les plus petits poissons et les moins délicats pour faire la farce et l'on réserve les blancs et les poissons de luxe pour les mettre entiers ou du moins en morceaux ou en filets. Faites tremper 50 gr. de mie de pain dans du lait, pressez-la pour en retirer le lait, ajoutez-la au poisson avec 2 ou 3 œufs, 150 gr. de beurre — un peu de beurre d'écrevisses et laitances. — Quand le tout est bien pilé, garnissez-en votre moule, placez de gros morceaux de poisson. Terminez comme le pâté gras (voy.) — au lieu de gelée on verse un peu de beurre d'écrevisse ou de beurre pilé avec des laitances ou des fines herbes, quand il est cuit.

Pâtés chauds, gras et maigres. — Garnissez un moule de pâte brisée, mettez au milieu un tampon de linge ou de papier destiné à soutenir les bords, et posez le couvercle en pâte brisée percé d'un trou. — Quand la croûte est cuite, retirez le couvercle et versez au moment de servir une garniture grasse ou maigre — on les fait aussi en petits pâtés (V.), dans ce cas le couvercle est en feuilletage — on remplace le tampon de papier par une quenelle préparée comme pour les petits pâtés, que l'on fait recuire dans une sauce au roux, au blanc (V.), ou financière — on verse la sauce au moment de servir.

Tourtes. — La tourte est formée d'un plancher et d'un couvercle en pâte brisée, et d'un rebord en feuilletage. — Pour le plancher et le couvercle, on peut prendre de la pâte à feuilletage que l'on repétrit pour qu'elle ne lève pas. Pour faire le bord, on découpe en S dans une abaisse de feuilletage haute de 1 centimètre, large de 9 centimètres, et ayant pour longueur la largeur que l'on veut donner à la pièce, une bande large de 3 centimètres — on redresse délicatement la bande et on la soude au plancher avec un peu d'eau. On garnit l'intérieur d'un tampon de linge ou de papier ; l'on pose le couvercle et l'on fait cuire — on ne remplit qu'au moment de servir (voy. garnitures.)

Vol au vent. — Il est formé entièrement de feuilletage (voy.), faites une abaisse de 1 centimètre d'épaisseur — tracez une fente avec la pointe d'un couteau à 2 centimètres du bord — dorez — quand il est cuit, enlevez le couvercle — supprimez un peu de pâte mal cuite à l'intérieur, remettez sécher un peu. — On le garnit au moment de servir (voy. garnitures.)

Bouchées à la Reine. — Se font en gras ou en maigre comme les Vol au vent, mais n'ont que 6 centimètres de large.

Petits pâtés. — Prenez de la pâte à feuilletage abaissée de l'épaisseur d'une pièce de 5 fr. — posez sur chacuns une petite boulette de farce composée comme pour les quenelles, mais l'on fait cuire la viande avant de la hacher et l'on ne remet pas cuire les quenelles dans l'eau. — Couvrez d'une 2e abaisse — dorez, faites cuire et prendre couleur. — On peut les faire en volaille et en gibier.

Petits pâtés aux huîtres et **aux poissons.** — Prenez de la farce à quenelles maigres, joignez-y quelques huîtres ou coquillages cuits et hachés fins — terminez comme pour les petits pâtés, au moment de les servir on peut les ouvrir et verser dans chacun une petite quantité de sauce hollandaise.

Quenelles grasses. — Faites revenir des lardons, 150 gr. de maigre de veau, volaille ou gibier — 100 gr. de gras de rognon de veau, faites cuire sans gratiner — pilez en ajoutant successivement 3 œufs et un peu de mie de pain, et un peu de gelée de volaille ; quand le tout est bien pilé, vous le versez sur une table farinée et en faites de petites boulettes — vous faites bouillir de l'eau salée ou du bouillon et y jetez vos quenelles que vous laissez cuire 5 minutes.

Quenelles maigres. — Au lieu de viandes, mettez 150 gr. de blancs de poisson — 50 gr. de beurre, 100 gr. de mie de pain trempée dans du lait — des laitances — terminez comme les quenelles grasses.

Sauce au roux. — Mettez roussir du beurre avec une cuillerée de farine, sel, laurier, thym, épices — ajoutez du jus de viande ou de volaille — mouillez avec de bon bouillon et une cuillerée d'eau-de-vie.

Sauce au blanc. — Maniez la farine avec 60 gr. de beurre, ajoutez en tournant sur le feu de bon bouillon peu coloré, et un verre de vin blanc.

Sauce maigre. — Faites la sauce au blanc, remplacez le bouillon de viandes par de bon bouillon de poisson passé — on peut la remplacer par une sauce hollandaise ou béchamel.

Garnitures grasses. — Ce sont des quenelles (voy.), des cervelles, riz-de-veau — crêtes de coq, foies et rognons, blancs de volailles ou viandes blanches — toutes ces viandes doivent être cuites, puis réchauffées dans une sauce au roux ou au blanc. — On garnit encore les tourtes avec une fricassée de poulet ou d'autres viandes.

Garnitures maigres. — Ce sont des quenelles maigres — filets de poisson — laitances — morceaux de thon que l'on ajoute au moment de servir — on les *garnit* encore de poissons à la béchamel ou à la sauce hollandaise — ou à la sauce au maigre (voy.).

XIII

PATISSERIES LÉGÈRES.

Darioles. — Garnissez un moule élevé de 5 cent., de pâte brisée, versez-y 2 cuillerées de frangipane ou crème au riz (V.), dans laquelle vous mettez 2 blancs en neige — faites cuire.

Gâteaux-Flans. — Garnissez un moule beurré élevé de 2 centimètres, de pâte brisée —

versez-y un flan — crème au riz — frangipane — flan au chocolat — crème aux *marrons* — faites cuire. — On peut mettre la crème dans une croûte déjà cuite ou dans une croûte de tourte et remettre au four. — On peut aussi une fois cuits, le couvrir de meringué et décorer de confitures.

Gâteaux et Flans au fromage. — Faites bouillir un demi-litre de lait, ajoutez-y 3 *cuillerées* de farine délayées dans un peu de lait, du sel, des épices — quantité égale de *gruyère* et parmesan rapé, — 30 gr. de beurre et 2 œufs — dressez comme le gâteau de flan. — On peut encore remplir un moule garni de pâte brisée avec de la pâte à ramequin et faire cuire. (V. Ramequins.)

Puits d'amour. — Faites une croûte de Vol au vent, garnissez de confitures ou crême.

Gâteau de Pithiviers. — Faites une abaisse de feuilletage de 5 mill. d'épaisseur. Placez dessus un peu de purée d'amande (V.), couvrez d'une abaisse pareille, dorez et faites cuire.

Mirlitons de Rouen. — Faites une abaisse de 5 mil. d'épaisseur, garnissez de la pâte suivante; mélangez : 1 œuf et un jaune, 80 gr. d'amandes douces pilées, 60 gr. de beurre, 1 blanc en neige — faites cuire.

Galette fourrée aux fruits. — Se fait comme le gâteau de Pithiviers, en remplaçant les amandes par une marmelade ou de la confiture.

Galette fourrée. — Se fait comme le gâteau de Pithiviers, mais avec une purée d'amandes, une crème au riz ou de la frangipane — le dessus peut être formé de filets coupés dans du feuilletage, ou formé de meringué.

Tartelettes de poires et de pommes. — Se font comme le flan, dans une croûte crue ou cuite, mais en substituant une marmelade, à la frangipane. On peut dresser dessus des fruits cuits pour compote, et garnir de confitures. — On peut couvrir une couche de marmelade ou confitures très-mince avec des tranches de pommes couvertes de sucre en poudre et faire cuire : ces tartelettes ont beaucoup de goût.

Douillons meringués. — Posez sur un plateau de pâte brisée cuite, une pomme ou une poire cuite au four ou en compote — couvrez de meringue (voy.).

Douillons Normands. — Entourez une pomme ou poire crue de pâte brisée ou à dresser — faites cuire — servez chaud.

Tartelette aux fruits confits. — Faites une tartelette aux pommes — garnissez quand elle est cuite de fruits confits et confitures. Versez dessus un peu de sirop épaissi avec de la gélatine (voy.) ou une gelée de fruits un peu tiède.

Tartelette aux cerises, abricots, pêches, prunes. — Garnissez un moule de pâte brisée. Placez-y vos fruits épluchés et saupoudrez de sucre, faites cuire. — On peut aussi placer les fruits cuits en compote dans une croûte cuite et remettre au four.

Tartelettes aux fraises, raisin, groseilles. — Garnissez un moule de pâte brisée et faites cuire — placez-y vos fruits crus et versez un peu de sirop ou gelée fondue.

Tartelettes Anglaises. — Garnissez un plat creux de pâte brisée ou à dresser, dressez-y vos fruits crus, ramenez la pâte pour couvrir. Percez le couvercle de trous et faites cuire au four sans prendre couleur.

Poupelins aux confitures. — Prenez de

la pâte à chou, mettez un peu de confitures, couvrez d'une 2e abaisse, soudez les bords et faites cuire.

Choux à la crème. — Prenez un chou (voy. pâte à choux), coupez ou renfoncez la partie supérieure et remplissez-le de crème pâtissière — plombière — fouettée, de fromage bavarois ou de mousse (voy.), la crème doit déborder de la croûte.

Choux glacés. — Faites une fente à un chou, remplissez comme un chou à la crème (voy.), refermez-le, glacez-le de glacé fondant (voy.).

Eclair. — Se fait comme le chou glacé, mais a la forme d'une baguette — on les faits croquants en les trempant dans du sucre d'orge (voy.), et on les saupoudre de pistache concassée, de grains de sucre ou d'angélique.

Saint Honoré. — Faites un plateau de pâte brisée, soudez dessus un rebord en bourrelet fait en pâte à chou ou à brioche. Quand il est cuit, garnissez-le de crème comme un chou à la crème (voy.) — décorez le tour de croquembouches (voy. sucres d'orge), formés de choux de la grosseur d'une noix, de fruits confits et fruits glacés. — Pour faire de petits Saint-Honoré, on supprime les boules et on couvre le rebord de sucre d'orge.

Cannelons à la crème et aux confitures. — Prenez une bande de pâte brisée, large de 1 centimètre, entourez-la sur un petit bâton de bois dur en forme de cornet — faites-le bien cuire et sécher. Garnissez-le de frangipane ou crème au riz et remettez au four — on le garnit aussi de confitures.

Biscuits, gênoise, madeleine glacés — Trempez ces gâteaux (voy.) dans un glacé fondant (voy.).

Pommes de terre. — Entourez un morceau de biscuit, gênoise ou madeleine, ayant la forme d'une pomme de terre, d'un fondant (voy.) à l'amande — colorez avec du sucre et du chocolat en poudre.

Abricotine. — Coupez par tranches horizontales un biscuit, une gênoise ou une madeleine, dans lesquels vous avez mis des filets de cédrat et d'angéliques; interposez entre chaque tranche telle confiture que vous voudrez — glacez le dessus de confitures et de fruits confits ou glacés, et de sucre et de pistaches concassées. — On peut aussi la couvrir d'un glacé fondant au rhum ou autre.

Biscuits à la crème. — Faites comme une abricotine (voy.) et remplacez la confiture par une crème fondante — plombière — patissière, ou par des couches de glacé fondant, couvrez-le dessus, d'un glacé fondant. V.).

Bouchées de dames. — Prenez de petits biscuits très-délicats, grands comme des pièces de 5 fr., réunissez les deux ensemble en mettant au milieu un peu de confiture — de crème pâtissière — plombière — de fruits confits — de pâte d'amande ou de fondant, couvrez de glacé fondant (V.)

Gâteaux crémés. — Faites comme pour l'abricotine, mais en employant la crème fondante — décorez le dessus du gâteau de la même crème et de sucre concassé.

Gâteau La Vallière. — Faites un gâteau de flan au chocolat ou au café (voy.), décorez-le de crème fondante assortie, ou de glacé fondant.

Gâteau Mazarin. — Prenez une abaisse très-mince de feuilletage, quand elle est cuite, garnissez-la d'un peu de pâte d'amande, puis de confitures et fruits confits, et terminez par un glacé fondant. — On peut se servir de madeleine, génoise, biscuit.

Gâteau Richelieu. — Prenez une tranche de biscuit épais de 1 centimètre, long de 40 cent. et de la largeur que vous voudrez — garnissez-le de pâte d'amande, crême fondante ou frangipane, de fondant (voy.), de confitures, de choix, variez même les essences dans le même gâteau — roulez la bande ainsi garnie, sur elle-même — glacez au fondant, décorez de fruits confits ou glacés — coupez par tranches pour servir. — On peut le couper par tranches et en glacer au fondant la surface.

Gâteau Napolitain. — Faites 15 abaisses de feuilletage très-minces et larges de 15 centimètres, faites au milieu à l'aide d'un coupe-pâte, un trou de 5 cent., quand elles sont cuites, garnissez-les de confitures variées et mettez-les les unes sur les autres — remplissez le milieu de confitures ou marmelades — enduisez de confitures et décorez de sucre concassé, de fruits confits, de croquembouches ou de fruits glacés — vous pouvez le couvrir d'un glacé fondant.

Millefeuille. — Se fait comme le biscuit à la

crême (voy.), mais avec 10 à 15 abaisses superposées ; on le décore comme le gâteau Napolitain.

Flan Russe. — Faites une abaisse très-mince de feuilletage — pâte brisée ou génoise — couvrez-la d'une couche de meringué peu sucré, élevée de 5 cent. — Mettez cuire à feu très-doux et donnez très-peu de couleur.

Gâteaux de crême, Glacés. — Prenez une abaisse en madeleine ou génoise, épaisse de 1 cent., dressez dessus en pyramide, du meringué peu sucré aromatisé à la vanille. — Egalisez la surface avec une cuillère, mettez un peu au feu très-doux, sans prendre couleur — couvrez d'un glacé fondant.

Charlotte Russe. — Rognez les bords et les bouts de biscuits à la cuillère — dressez-les contre les parois d'une tourtière légèrement beurrée — collez-les avec du sucre d'orge (voy.), à moins que la charlotte ne doive être glacée. — Remplissez-là de crême fouettée, sucrée et aromatisée, de mousse, de crême pâtissière, plombière ou de fromage bavarois — tenez au frais ou sur la glace. — On peut glacer la crême (voy. congélation) avant de la mettre dans la charlotte — puis entourer de glace jusqu'au moment de servir. — On peut remplacer les biscuits par des petites meringues longues — des massepains — des biscuits à la cuillère glacés au fondant. — On peut encore retirer la mie d'un biscuit de Savoie et le remplir de crème. On emploie la mie à faire un Pouding — Pain perdu ou bouchées de Dames. (V.)

Charlotte de pommes ou Fruits. — Garnissez un moule de biscuits à la cuillère (voy. charlotte russe), remplissez de marmelade ou confitures mélangées à une marmelade très-épaisse, mettez à feu très-doux pendant une heure ou deux — servez chaud ou froid.

Charlotte de Ménage. — Garnissez une tourtière beurrée de tranches de pain beurrées et saupoudrées de sucre — terminez comme la charlotte aux fruits.

Savarin et Baba au lait d'Amande. — On peut mettre dans la pâte, du savarin (voy.), un peu de lait d'amande préparé comme pour une crème anglaise (voy.), et quelques amandes concassées — quand on retire un savarin du feu, on l'arrose avec un sirop de rhum, kirch, marasquin ou autre liqueur — on peut quand il est refroidi, le couvrir d'un glacé fondant. — Le baba au rhum et madère se sert froid comme le savarin ou chaud avec du rhum brûlé — ou une sauce de pouding, ou encore glacé, avec un sorbet au rhum, kirch ou autre essence.

XIV

CONFISERIE.

Sucre d'orge et Croquembouches. — Faites fondre du sucre dans de l'eau, faites-le cuire jusqu'à ce qu'il soit en sirop excessivement épais, sans toutefois lui laisser prendre couleur. — Pour l'aromatiser, ajoutez-y quand il commence à bouillir, un arôme préparé comme pour les fondants — ou un peu de sirop de fruits. — Versez-le sur un marbre huilé — coupez-le en bandes dès qu'il se durcit un peu, et roulez-le entre deux tablettes — s'il se durcit trop, chauffez-le un peu pour le ramollir, s'il blanchissait, c'est que la cuisson serait manquée. Dans ce cas, il faut le refondre et le faire cuire de nouveau. — Pour faire des croquembouches, vous trempez dans le sucre au moment où vous le retirez du feu, soit de petits choux (voy.), soit des fruits confits, des quartiers d'oranges ou des fruits frais — soit encore des fondants ou petits fours.

Pièce montée. — On les fait en disposant en forme de dôme ou en dessin quelconque des fruits, ou pâtisseries, ou fondants, ou croquembouches.

Fondants. — Faites cuire du sucre en sirop épais ou au cassé, retirez-le du feu et remuez-le avec une fourchette jusqu'à ce qu'il s'épaississe et devienne mat — si au bout de 10 minutes de travail il ne s'épaissit pas, travaillez-le sur des cendres chaudes — quand la pâte est très-épaisse, mais peut encore se mouler, versez-la sur des moules légèrement huilés. — Si les fondants restent liquides dans les moules, retirez-les, délayez-les de nouveau et faites-les recuire. On aromatise les fondants au moment où le sucre commence à blanchir, avec du sucre en poudre très-fine, vanillé ou des grains de vanille ; du sucre fin frotté sur un zeste de citron ou orange, du chocolat en poudre, un peu de café excessivement fort, ou de thé vert, du sirop de fruit, des amandes, noisettes ou pistaches pilées, des liqueurs versées en très-petites quantités.

Glacé fondant. — Faites comme pour les

fondants — quand la pâte est épaisse, mais encore liquide, enduisez-en vos gâteaux.

Fruits glacés. — Trempez dans un glacé fondant vos fruits confits.

Chocolats à la crème, Farcis aux fruits et pralinés. Faites une petite boule de fondant (voy.) ou de chocolat pilé avec des amandes, — trempez-la dans du chocolat caraque ramolli au bain-marie avec un peu de beurre de cacao. — On peut les farcir de fruits confits au lieu de fondants.

Saucisson de Lyon au chocolat. — Faites ramollir au bain-marie du chocolat caraque sucré et vanillé, mélangez-y des avelines, amandes; — roulez-le et entourez-le d'une feuille d'étain — coupez-le par tranches.

Pralines duchesses. — Faites un fondant; quand il est très-épais, jetez-y des amandes épluchées que vous faites sécher près du feu pour qu'elles soient chaudes, remuez sur un feu doux jusqu'à ce que les amandes soient couvertes de sucre — faites refondre ce qui ne tient pas aux amandes, et répétez l'opération.

Nougat. — *Epluchez* des amandes, coupez-les par petits morceaux — mettez du sucre en poudre dans une bassine en cuivre, quand le sirop est trop épais, mais sans laisser prendre couleur, versez-y les amandes, mélangez bien. — On peut aromatiser à la vanille ou comme les fondants (voy.), frottez d'huile un moule et garnissez-le de votre préparation en l'appuyant à l'aide d'une orange ou d'un dos de cuillère huilé.

Pralines. — Faites comme pour le nougat (voy.), mais remuez sur le feu, jusqu'à ce que les pralines soient garnies de sucre — faites refondre le sucre qui ne tient pas en pralines et répétez l'opération plusieurs fois.

Caramel. — Pour garnir une tourtière de caramel, on y met 4 ou 5 morceaux de sucre et un peu d'eau et on le fait cuire jusqu'à ce qu'il soit en sirop excessivement épais; on penche la casserole pour qu'une partie du fond se trouve à découvert, et dès que le sucre se colore sur un point, on retire la casserole et on la tourne dans tous les sens afin de l'enduire ; si le sucre se durcit trop, on la remet un instant au-dessus du fourneau.

Bonbons au caramel. — Faites comme pour le caramel — délayez le sucre dans du café —

ou mettez un peu d'essence quelconque — versez dans des moules ou sur un marbre huilé et marquez des lignes pendant qu'il est chaud.

XV

LIQUEURS.

Liqueurs par infusion. — On fait infuser une plante aromatique dans de l'alcool ou de l'eau-de-vie, et l'on ajoute moitié de sucre. — Pour le curaçao, mettez infuser les zestes d'oranges frais ou secs pendant un mois — pour la crème de vanille, une gousse pendant 12 heures — pour la crème de moka, 125 gr. de café brûlé concassé pendant 2 jours — pour la crème d'angélique, 100 gr. pendant 6 semaines — anisette, 30 gr. d'anis vert, un gr. de badiane, un peu de canelle et girofle et vanille, pendant 6 semaines. — Pour la crème de canelle, un bâton de 4 à 5 gr. pendant 8 jours — pour la fleur d'orange, des pétales frais ou secs pendant 15 jours — pour l'eau-de-vie d'hendaye, mettez infuser 8 jours, 5 gr. de badiane, 2 gr. de coriandre, un peu de canelle, girofle, 1 zeste de citron — le tout pour *un litre*.

Brou de Noix-Noyau. — Mettez infuser 15 noix vertes ou une once d'amandes d'abricot dans 1 litre d'eau-de-vie pendant 3 semaines. Ajoutez un litre de sirop de sucre ; avoir soin de n'employer jamais de noyaux de pêches.

Ratafias de fruits, groseilles, framboises, cerises, etc. — Ecrasez 1 livre de fruits avec 1 litre d'alcool ou eau-de-vie — exprimez le jus au bout de 6 semaines — ajoutez 1 litre de sirop de sucre.

Vermuth. — Mettez dans 1 litre de madère, tokai ou autre vin de même sorte, 1 gr. d'extrait d'absinthe — rajoutez du vin si le vermuth est trop fort.

Fruits à l'eau-de-vie. — Préparez les cerises, mettez-les dans les bocaux — faites fondre 1 livre de sucre dans 1/2 litre d'eau-de-vie et ajoutez un peu de jus de framboise — bouchez bien et mettez au soleil — pour tous les autres fruits, traitez-les comme les fruits confits ; avant de les mettre dans l'eau-de-vie où vous avez fait fondre quantité égale de sucre.

Punch. — Faites brûler 1 litre d'eau-de-vie avec 1 livre de sucre, ajoutez un jus d'orange — un demi verre de bon thé et un peu de sucre en poudre frotté sur du zeste de citron ou orange. On l'aromatise encore à la vanille et au lait d'amande, en employant des aromes préparés comme pour les *Fondants* (V.).

XVI

RECETTES DIVERSES.

Conservation des fruits, eaux de fruits, par le **procédé Appert.** — Mettez dans des bouteilles à large goulot des fruits que vous tassez légèrement — emplissez les bouteilles avec un sirop très-clair et mettez-les entourées de chiffon et de paille dans un chaudron rempli d'eau froide — les bouteilles doivent être bien bouchées et ficelées — percez le bouchon avec une vrille fine et mettez dans le trou une cheville enduite de cire, passez-la dans une corde — on peut ne pas percer le bouchon ; dans ce cas on introduit une lame de fer blanc pliée en deux, entre la bouteille et le goulot, ce qui permet la sortie de l'air contenu dans la bouteille. — On chauffe doucement le chaudron et quand il est en ébullition, on laisse les fraises, groseilles, framboises 1 minute — les ananas, cerises, pêches, abricots, prunes, 3 minutes — les poires, pommes devront être cuites en compote avant d'être mises en bouteille, 5 minutes d'ébullition — les jus ou eaux de fruits ne resteront qu'une minute. — Au bout du temps prescrit ci-dessus, on retire la languette de fer blanc ou l'on enfonce la cheville, et l'on éteint le feu en laissant refroidir les bouteilles dans le chaudron — on les cachette à la cire.

Couleurs. — Les plus employées sont le rose et le vert. — Quelques gouttes suffisent pour colorer — une plus grande quantité pourrait dénaturer la saveur ou rendre les préparations malsaines. — Rose : frottez un peu de carmin sur une assiette. — Bleu : frottez un peu de bleu de Prusse ou indigo — Jaune : safran ou curcuma (safran de l'Inde) en infusion — le vert s'obtient en mélangeant du bleu et du jaune — le violet avec le bleu et le rouge. — On doit s'abstenir de toute autre couleur que celles indiquées ci-dessus. — Nous recommandons spécialement un carmin liquide — inoffensif, d'une teinte très-vive, préparé par la maison Dubail, 75, rue

Saint-Denis. On trouve dans la même maison, toutes espèces d'essences et d'huiles essentielles — vanille — produits aromatiques de choix.

Levure. — Il y a deux sortes de levures. — La levure de bière que l'on emploie pour la pâtisserie et que l'on se procure dans les brasseries, et la levure de boulanger qui peut s'employer également, mais en plus grande quantité. — La fabrication de la levure est difficile et compliquée. — Pour conserver la levure de bière, on la délaye dans un peu d'eau, on l'étale par couches successives sur une assiette et on la conserve dans un endroit sec. — Pour l'employer, on la délaye de nouveau.

XVII

EXPLICATION DE QUELQUES TERMES.

ABAISSE. — Morceau de pâte aminci avec le rouleau ou tranches de gâteau destinées à servir de base ou à entrer dans la composition d'une pièce quelconque.

BAIN-MARIE. — Placer le moule contenant la préparation dans une casserole remplie d'eau bouillante.

CHAUSSE. — Sac en feutre ou flanelle ; on peut y suppléer en mettant un peu de coton cardé au fond d'un entonnoir de verre.

COUPE-PATE. — Cercle en métal destiné à couper la pâte. On peut le remplacer par le bord d'une tourtière.

DORER. — Enduire les pièces avant de les mettre au four avec un jaune d'œuf mélangé à un peu d'eau.

DRESSER. — Disposer une crême ou une pâte dans un moule ou sur un plat.

SOUDURE. — Pour souder ensemble deux morceaux de pâte crue, on mouille légèrement les parties qui doivent se joindre.

(V.). — Ce signe indique un renvoi à la table alphabétique.

FIN.

TABLE ALPHABÉTIQUE.

TABLE DES MATIÈRES.

Wassy. — Imp. Mougin-Dallemagne.

EN VENTE A LA MÊME LIBRAIRIE :

BÉBÉ NE SAIT PAS LIRE, livre des enfants qui ne savent pas lire, par J. T. de S. G. Dans cette pantomime en 50 tableaux, l'auteur a tracé, en images parlantes, les aventures déplorables de l'enfant qui ne sait pas lire et l'histoire glorieuse de l'enfant qui sait lire. La moralité en est facile à déduire, et ce livre sera lu à première vue *par tous les enfants qui ne savent pas lire*, comme par ceux qui savent lire. Un volume in-8, composé de 50 figures coloriées, cartonné . . . . 3 fr.

QUAND BÉBÉ SAURA LIRE, premier livre de lecture, par J. T. de S. G. Un volume in-8 avec figures coloriées, cart. . 2 fr.

L'ART DE LIRE LES FABLES, à l'usage des petits et grands enfants, par J. T. de S. G. Un volume in-18 . . . . 1 fr.

LA TRÈVE DE DIEU, souvenirs d'un dimanche d'été, par J. T. de S. G. Un volume in-18 . . . . 1 fr.

LA TURBOTIÈRE, nouvelle, par J. T. de S. G. Un volume in-24 60

LA CUISINIÈRE MODÈLE, ou l'Art de faire une bonne cuisine avec économie, par E. H. 9e édition, revue et augmentée. Un volume in-18. . . . . 1 50

2279 — Paris, imp. JOUAUST, r. S.-Honoré, 338.

www.ingramcontent.com/pod-product-compliance
Lightning Source LLC
LaVergne TN
LVHW020034170826
845678LV00001B/250

* 9 7 8 2 3 2 9 6 9 8 5 7 1 *